Disney · PIXAR
ARLO & SPOT

Wilder Malspaß

Parragon

Bath · New York · Cologne · Melbourne · Delhi
Hong Kong · Shenzhen · Singapore · Amsterdam

Vor langer Zeit graste eine Herde Dinosaurier friedlich auf einer Wiese. Plötzlich bemerkten sie einen riesigen Feuerball am Nachthimmel, doch der Asteroid flog an der Erde vorbei. So konnten die Dinosaurier noch viele Tausend Jahre weiterleben.

Das ist Henry, ein Apatosaurier. Er ist sehr stolz auf den Bauernhof, den er und Ida bewirtschaften. Er rodet Bäume, damit er hier die Felder für seine Familie bestellen kann.

Das ist Ida. Sie lebt mit Henry am Fuß des Reißzahngebirges. Sie müssen schwer arbeiten, um genug zu essen zu haben.

Die beiden wollen eine Familie gründen. Sie schauen aufgeregt zu, wie etwas aus dem Ei schlüpft.

Und dann passiert es: Ein Babydinosaurier schlüpft aus dem Ei! Seine Eltern nennen ihn Arlo. Der kleine Arlo blinzelt und schaut sich die helle Welt außerhalb seiner Schale an.

Arlo ist zwar winzig, aber fröhlich. Manche Dinge allerdings machen ihm Angst, zum Beispiel die ganze Welt jenseits des Weidezauns.

Arlos Geschwister, Libby und Buck, sind deutlich mutiger und stärker als er. Arlo versucht mitzuhalten, aber er muss noch eine Menge aufholen.

Alle Familienmitglieder haben ihre Spuren auf den Steinen am Silo hinterlassen, in dem die Nahrung gelagert wird – nur Arlo nicht.

Traurig betrachtet er die Steine. Er muss etwas wirklich Großes leisten, um dabei sein zu dürfen. Aber was?

Nach einem anstrengenden Arbeitstag nimmt sein Vater Arlo mit auf eine Wiese hinter dem Feld. Da landet ein Glühwürmchen auf Arlos Nase und erschreckt ihn.

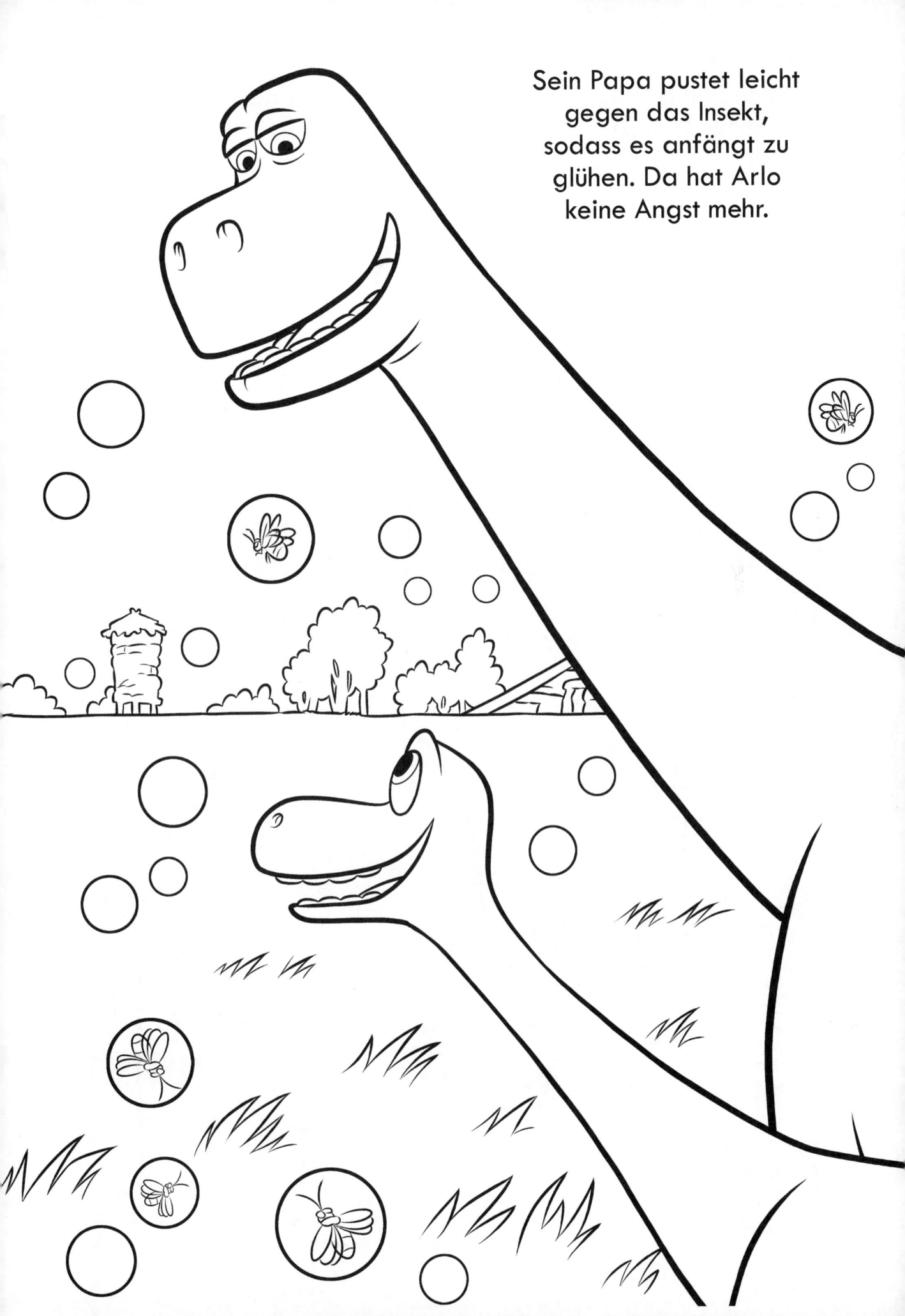

An nächsten Tag bekommt Arlo von seinem Vater eine Aufgabe: Er soll den Schädling fangen, der Mais aus dem Silo gestohlen hat. Als er dem kleinen Dieb begegnet, schreit er vor Angst auf und verscheucht damit den Eindringling. Davon ist sein Papa nicht gerade beeindruckt.

Arlo und sein Papa versuchen darum, den Schädling gemeinsam zu fangen. Arlo soll dabei seine Angst überwinden. Kurz darauf geraten die beiden jedoch in einen gewaltigen Sturm. Henry bringt Arlo noch rechtzeitig in Sicherheit, wird aber selbst von der Flut fortgespült und kann sich nicht mehr retten.

Ohne den Vater hat die Familie noch schwerer mit der Feldarbeit zu kämpfen. Arlo will unbedingt helfen. Er will beweisen, dass auch er sein Zeichen am Silo verdient.

Aber die ganze Arbeit ist umsonst. Kleine Ungeheuer dringen immer wieder in den Silo ein und fressen die Ernte auf. Und dieser niedliche Knirps hier ist der schlimmste Übeltäter!

Eines Tages beobachtet der Schädling Arlo beim Kontrollgang am Silo. Er springt auf Arlos Schnauze und starrt ihn an. Arlo ist starr vor Schreck. Der fürchterliche Zwerg sitzt auf seiner Nase!

„Aaaahhhh!" Arlo rennt, so schnell er kann. Er zappelt und versucht, das Monster abzuschütteln. Aber dabei verliert er das Gleichgewicht und stolpert in den Fluss.

Die Strömung trägt Arlo in Windeseile fort von seinem Zuhause und seiner Familie. Arlo schnappt nach Luft und strampelt, um sich über Wasser zu halten. Oh nein, er treibt genau auf einen Felsen zu!

Schließlich wird Arlo an Land gespült. Als er den oberen Rand der Klippe erklimmt, liegt vor ihm ein weites Tal. Wie soll er nur wieder nach Hause kommen? Da fällt ihm ein, dass er ja nur dem Fluss folgen muss.

Nach einem langen Marsch rutscht Arlo aus, stürzt und klemmt sich eine Pfote zwischen den Felsen ein. Verzweifelt und erschöpft rollt er sich zusammen und schläft gleich ein.

Als Arlo aufwacht, ist seine Pfote wieder frei! Da entdeckt er einige kleine Fußabdrücke auf dem Boden. Er ist verdutzt. Der Schädling muss ihm wohl geholfen haben. Arlo marschiert weiter, aber dann fängt es an zu regnen. Der kleine Dinosaurier baut sich einen einfachen Unterstand.

Plötzlich hört Arlo ein Rascheln im Gebüsch. Wieder taucht der Knirps auf und bietet Arlo etwas zu fressen an: Er setzt dem verwunderten Arlo eine Echse vor. Igittigitt!

Der Kleine scheint zu wissen, wie man in der Wildnis Nahrung findet. Unter einem Blatt entdeckt er einen saftigen Käfer. Aber Arlo mag Käfer genauso wenig wie Echsen.

Schließlich findet der Schädling etwas, das beide mögen: süße Beeren! Die beiden sitzen beisammen und futtern einvernehmlich.

Am nächsten Tag ziehen die beiden weiter durch die Wildnis. Da schießt eine fürchterliche Schlange hervor! Der Kleine springt zwischen seinen neuen Freund und die Schlange.

Auf dem Weg zurück zum Fluss hört Arlo seltsame Geräusche. QUIEK! QUIEK! Winzige Erdhörnchen schießen aus dem Boden!

Arlo und der Knirps gehen in den Wald. Dort treffen sie einen merkwürdigen Dinosaurier namens Forrest Woodbush. Er sieht aus wie ein Baum! Unmengen kleiner Tiere sitzen auf seinen zahlreichen Hörnern.

Forrest hat ein weiteres Tierchen im Auge: den Schädling. Er veranstaltet einen Wettbewerb mit Arlo: Wer den richtigen Namen des Kleinen errät, darf ihn behalten. „Schmutzfink ... Pimpf, Frechdachs ..." Arlo ruft „Spot". Der Knirps schaut zu Arlo auf. Er hat gewonnen!

Später erleuchten Hunderte Glühwürmchen den Nachthimmel. Spot ist begeistert. Arlo zeigt ihm, wie man mit ihnen spielt – und erinnert sich wehmütig an seinen Papa.

Arlo baut kleine Figuren aus Zweigen, um Spot von seiner Familie zu erzählen. Zunächst scheint Spot ihn nicht zu verstehen, doch dann baut auch er seine Familie nach. Spot sieht traurig aus und bedeckt die beiden größeren Gestalten mit Erde.

Arlo spürt, wie sehr er seinen Papa und den Rest der Familie vermisst.
Spot scheint ihn zu verstehen und streichelt Arlos Bein zum Trost.
Arlo und Spot heulen den Mond an, zu Ehren ihrer Familien.

Am nächsten Morgen hören sie in der Ferne Donnergrollen, und ein Unwetter zieht auf. Arlo und Spot suchen Schutz im Wald und verstecken sich unter einer großen Baumwurzel. Ängstlich warten sie darauf, dass der Sturm vorbeizieht.

Nachdem der Sturm sich gelegt hat, tauchen drei Pterodaktylen am Himmel über den beiden Freunden auf. Die feindseligen Flugsaurier haben es auf Spot abgesehen. Aber Arlo hat nicht vor, den Jägern seinen neuen Freund zu überlassen. Er schnappt sich Spot und rennt davon!

Die Flucht war ihnen kaum gelungen, als sie geradewegs einer Gruppe Tyrannosauriern in die Arme laufen. Zum Glück sind die Dinos nicht so bedrohlich, wie sie aussehen. Der erste von ihnen stellt sich ihnen vor: Er heißt Nash.

Ramsey ist die Schwester von Nash. Spot grinst sie breit an. Ramsey mag Spot und knuddelt ihn. „Na, du bist ja ein süßes, kleines Ding!", sagt sie.

Der größte T-Rex heißt Butch. Er ist der Vater von Ramsey und Nash. Die T-Rex sind Viehhüter, aber Butch, Nash und Ramsey haben ihre Langhornrinderherde verloren.

Die beiden Parteien wollen sich gegenseitig helfen: Arlo weiß, dass Spot alles Mögliche erschnüffeln kann, also findet er sicher auch die Rinderherde. Bald erspähen sie hinter einer Hügelkuppe mehrere finster aussehende Raptoren. Und Raptoren stehlen Langhornrinder!

Butch hat einen Plan: Arlo soll sich als Köder zur Verfügung stellen, um die Raptoren zu fangen. Das ist Arlo alles andere als recht, aber er muss seinen neuen Freunden helfen. Er versucht zu schreien, um die Raptoren auf sich aufmerksam zu machen, bekommt aber keinen Ton heraus! Spot weiß Rat: Er beißt Arlo einmal fest, und dieser schreit aus voller Kehle!

Die T-Rex schlagen die üblen Raptoren in die Flucht, und die Herde ist in Sicherheit. Am nächsten Tag setzen Spot und Arlo ihre Reise fort.

Spot und Arlo haben unterwegs viel Spaß. Bald erklimmen sie eine Hügelkuppe.

Arlo hebt seinen Kopf durch die Wolkendecke.
Was für ein Ausblick! In der Ferne sehen sie das
Reißzahngebirge. Bald ist es geschafft!

Später sehen Spot und Arlo eine menschliche Gestalt auf einem benachbarten Hügel. Spot will auf den Mann zulaufen, aber Arlo macht sich Sorgen, Spot könnte ihn verlassen.

Doch dann ziehen dunkle Wolken auf, und Blitze zucken am Himmel.
Mehrere Pterodaktylen erscheinen am Himmel über ihnen.

Ein Pterodaktylus schießt herab und packt Spot. Arlo wirft mit aller Wucht einen Baum nach dem Flugsaurier. Der Pterodaktylus fliegt verstört davon. In diesem Moment ergreift eine Flutwelle Spot und Arlo, doch nach einer Weile werden sie wieder an Land gespült.

Am nächsten Morgen haben Spot und Arlo beinah das Reißzahngebirge erreicht, als eine Menschenfamilie aus dem Wald auftaucht. Der Vater geht auf Spot zu. Spot springt von Arlos Rücken, krabbelt langsam auf die Menschen zu und schnüffelt dabei neugierig.

Die Menschen wollen Spot in ihre Familie aufnehmen. Arlo ist traurig, wei[l] Spot ihn verlässt, aber das ist das Beste für den kleinen Jungen. Spot und Arlo nehmen wehmütig Abschied. Sie werden einander vermissen und sicher niemals ihre gemeinsam bestandenen Abenteuer vergessen.

Nach kurzer Zeit erreicht Arlo sein Zuhause. Endlich ist es geschafft! Und er ist nun nicht mehr der kleine Dino, der er vorher einmal war.

Mama, Buck und Libby sind sehr glücklich über Arlos Heimkehr. Er hat Mut und Stärke bewiesen. Nun endlich kann auch Arlo seinen Abdruck am Silo hinterlassen.